deutsch üben 10

Diethard Lübke

Übungen zur neuen Rechtschreibung

NEUBEARBEITUNG

Max Hueber Verlag

ist eine Reihe von Übungsbüchern zu Grammatik, Wortschatz und Rechtschreibung,
die als kursunabhängiges Material zu jedem beliebigen Lehrbuch, aber auch kurstragend
benutzt werden können. Bedingt durch die Konzeption, dass in die Übungsbücher
hineingeschrieben werden kann, liegt der Übungsschwerpunkt im schriftlichen Spracherwerb.

Sämtliche Bände sind auch zum Selbstlernen geeignet.

| 3. | 2. | 1. | | Die letzten Ziffern |
| 2010 | 09 08 07 06 | | | bezeichnen Zahl und Jahr des Druckes. |

Alle Drucke dieser Auflage können, da unverändert,
nebeneinander benutzt werden.
1. Auflage
© 2006 Max Hueber Verlag, 85737 Ismaning, Deutschland
Redaktion: Marion Techmer, München
Umschlaggestaltung: Parzhuber und Partner, München
Druck und Bindung: Ludwig Auer GmbH, Donauwörth
Printed in Germany
ISBN 10:   3-19-107458-9
ISBN 13: 978-3-19-107458-6
(früher erschienen im Verlag für Deutsch, ISBN 3-88532-6-649-3)

Inhalt

Einführung

Seit vielen Jahren wurde in Deutschland über eine Rechtschreibreform diskutiert. Im Gespräch waren die „Kleinschreibung", die „gemäßigte Kleinschreibung", die „gemäßigte Großschreibung". Trotz vieler Kritik ist am 1. August 1998 die Neuregelung der deutschen Rechtschreibung in Kraft getreten.

Die neuen Regeln betreffen die Laut-Buchstaben-Zuordnung, die Groß- und Kleinschreibung, die Getrennt- und Zusammenschreibung, die Schreibung mit Bindestrich, die Zeichensetzung und die Silbentrennung.

Die Änderungen im Bereich Laute und Buchstaben sind verhältnismäßig gering, sie betreffen aber sehr häufig gebrauchte Wörter und sind deshalb wichtig. Einige Vereinfachungen gibt es bei der Groß- und Kleinschreibung (es werden zukünftig mehr Wörter mit großem Anfangsbuchstaben geschrieben); einige Vereinfachungen gibt es bei der Zeichensetzung (Kommas) und bei der Worttrennung (Silbentrennung).

Aufgrund der anhaltenden Kritik an der Rechtschreibreform in der Fassung von 1998 wurde der „Rat für deutsche Rechtschreibung" konstituiert, der Änderungs-empfehlungen der Reform ausarbeitete. Die Änderungsempfehlungen des Rates wurden im März 2006 von den politischen Gremien angenommen.

Dieser neue amtliche Regelstand ist ab dem 1. August 2006 Unterrichtsgrundlage in allen Schulen und nach einer einjährigen Übergangsfrist in deutschen Schulen und Ämtern verbindlich.

Dieses Buch gibt mit Regelerläuterungen und Übungen denjenigen, die Deutsch lernen und allen die die neue Rechtschreibung üben wollen, eine Einführung in die wichtigsten Aspekte der aktuellen neuen Regelungen.

A. Laute und Buchstaben

1. ss / ß

In den Texten, die nach den neuen Rechtschreibregeln geschrieben sind, fällt am meisten auf, dass häufig *ss* geschrieben wird, wo bisher *ß* stand.

Das *ß* ist ein Buchstabe, den es nur in der deutschen Rechtschreibung gibt.
Er ist folgendermaßen entstanden:

In der alten Fraktur-Schrift, die man besonders im 19. Jahrhundert liebte,
wurde das *s* so gedruckt:

ſehen (sehen)   **Hauſ** (Haus)

Das scharfe, stimmlose [s] wurde in der Fraktur-Schrift geschrieben mit einem **ſ** und einem **s**: **ß** (= *ß*, gesprochen: scharfes *s* / Eszett). Das sollte bedeuten, dass das [s] scharf und stimmlos gesprochen wird wie ein *z*.

Schreibung des scharfen (stimmlosen) [s]

1. Nach kurzem Vokal schreibt man *ss* statt *ß*.*

Beispiele:	bisschen	(das *-i-* wird kurz gesprochen)
	Schluss	(das *-u-* wird kurz gesprochen)
	er isst	(das *-i-* wird kurz gesprochen)

2. Nach langem Vokal schreibt man weiterhin *ß*.

Beispiele:	groß	(das *-o-* wird lang gesprochen)
	süß	(das *-ü-* wird lang gesprochen)

3. Nach Diphthong[1] schreibt man weiterhin *ß*.

Beispiele:	fleißig	(*-ei-* ist ein Diphthong)
	draußen	(*-au-* ist ein Diphthong)

[1] Die Diphthonge sind im Deutschen: *ai, au, äu, ei, eu*.

---

* Wenn nach kurzem Vokal bislang *s* und nicht *ß* stand, bleibt auch weiterhin
  nur ein *s* stehen. Dazu gehören:

a) „Grammatische Wörter": bis, das (das Haus, das stimmt), des (aber: dessen), was, wes
   (aber: wessen).

b) Substantive auf *-nis, -as, -is, -os, -us*: die Kenntnis (aber: Kenntnisse),
   die Ananas (aber: Ananasse), der Iltis (aber: Iltisse), das Tennis, der Albatros
   (aber: Albatrosse), der Bus (aber: Busse) ...

c) Die Vorsilbe *dis-*: die Diskussion, die Diskothek, diskret ...

1.1 Ist der Vokal vor dem scharfen [s] lang oder kurz?
Wie wird das [s] geschrieben?

		lang	kurz	
der Bi◆	i:	▨	✔	_der Biss_____
bla◆	a:	▨	▨	_____
das Fa◆	a:	▨	▨	_____
der Flu◆	u:	▨	▨	_____
der Fu◆	u:	▨	▨	_____
das Gefä◆	ä:	▨	▨	_____
gemä◆	ä:	▨	▨	_____
gewi◆	i:	▨	▨	_____
gro◆	o:	▨	▨	_____
der Gru◆	u:	▨	▨	_____
der Kongre◆	e:	▨	▨	_____
der Reisepa◆	a:	▨	▨	_____
der Proze◆	e:	▨	▨	_____
das Schlo◆	o:	▨	▨	_____
der Schlu◆	u:	▨	▨	_____
der Stre◆	e:	▨	▨	_____

1.2 Ist der Vokal vor dem scharfen [s] lang oder kurz?
Wie wird das [s] geschrieben?

		lang	kurz	
die Geldbu◆e	u:	✔	▨	_die Geldbuße_____
die Grö◆e	ö:	▨	▨	_____
das Intere◆e	e:	▨	▨	_____
die Ka◆e	a:	▨	▨	_____
die Kla◆e	a:	▨	▨	_____
die Flo◆en	o:	▨	▨	_____
die Me◆e	e:	▨	▨	_____
die Pre◆e	e:	▨	▨	_____
die Stra◆e	a:	▨	▨	_____
die Ta◆e	a:	▨	▨	_____

1.3 Fügen Sie *ss* oder *ß* ein. Wiederholen Sie an der Seite die Wörter.

Komm, wir wollen jetzt e_ss_en.   _essen_

I___t du gern Fisch?   _____

Ich nicht, aber meine Frau i___t gern Fisch.   _____

Mu____ man hier lange warten?   _____

Alle mü___en warten.   _____

Wir mu___ten auch warten.   _____

Hast du das nicht gewu___t?   _____

Nein, woher sollte ich das wi___en?   _____

Alle wu___ten das.   _____

Seit wann wi___t ihr das?   _____

1.4 Schreiben Sie die Wörter mit *ss* in die linke Spalte und die Wörter mit *ß* in die rechte.

Wörter mit *ss*:   Wörter mit *ß*:

Kompromiss   Das ist ein guter Kompromi◆.   _____

_____   Wir sollten diesen Beschlu◆ fassen.   _____

_____   Ich bin sehr froh, da◆ Sie gekommen sind.   _____

_____   Darf ich Ihnen Kaffee eingie◆en?   _____

_____   Wollen Sie lieber eine Ta◆e Tee?   _____

_____   Danke, ich esse keine Sü◆igkeiten.   _____

_____   ein weiches Ki◆en   _____

_____   Es war schon ein bi◆chen spät geworden.   _____

_____   Wir hatten viel Spa◆.   _____

_____   Sie sollten das Fenster schlie◆en.   _____

_____   Ich habe mir die Hände
gewaschen. Sie sind noch na◆.   _____

_____   Mit freundlichen Grü◆en   _____

2. Drei gleiche Buchstaben

Wenn in zusammengesetzten deutschen Wörtern drei gleiche Buchstaben aufeinandertreffen, war es bisher üblich, nicht immer drei Buchstaben zu schreiben (*Kunststoffflasche* aber *Kunststoffolie*). In Zukunft ist das anders.

Drei gleiche Buchstaben

Wenn drei gleiche Buchstaben aufeinandertreffen, werden alle drei geschrieben.

Beispiele: Wett ... turnen: Wettturnen

            still ... legen: stilllegen

            Tee ... Ei: Teeei

Um die Lesbarkeit zu verbessern, kann ein Bindestrich gesetzt werden: *Wett-Turnen, Tee-Ei*

Übungen

2.1 Bilden Sie vier zusammengesetzte Substantive.

SCHIFF —————— FOLIE   _____

KONGRESS   LAMPE   _____

KUNSTSTOFF   STADT   _____

KONTROLL ———— FAHRT   _____

2.2 Welche Wörter mit drei gleichen Konsonanten sind gemeint?

Ich interessiere mich für Fußball. Ich stelle den Fernseher an und sehe mir das

_____ *länderspiel* ____ Deutschland gegen Spanien an.

Ich habe Lotto gespielt. Ich möchte wissen, welche Nummern gewonnen haben.
Das sind die _____

Wie heißt das grüne Unkraut, das auf der Haut brennt, wenn man es berührt?

_____

Ich gehe in die Oper, um ein Ballett zu sehen. Ich bewundere eine der Tänzerinnen.
Sie ist eine _____

3. ä, äu

Im Deutschen gibt es die Umlaute *ä, ö, ü, äu*. Die Umlaute *ä* und *äu* werden für die Schreibung der Wörter gebraucht, zu denen es verwandte Wörter oder Wortformen mit *a* oder *au* gibt.

die L**ä**nder	(← das L**a**nd)
der H**ä**ndler	(← der H**a**ndel)
die Verk**äu**ferin	(← verk**au**fen)
der Br**äu**tigam	(← die Br**au**t)

Übung

3.1 Bilden Sie den Plural.

ein Haus	*zwei Häuser*	ein Fass	_____	ein Kasten	_____
eine Maus	_____	ein Fahrrad	_____		

Diese Regel wird zukünftig auf einige Ausnahmen übertragen, die bisher noch mit *e* oder *eu* geschrieben wurden:

ä, äu

Man schreibt *ä* oder *äu*, wenn es verwandte Wörter oder Wortformen mit *a* oder *au* gibt.

Dazu gehören jetzt auch:

beh**ä**nde	(← die H**a**nd)
das B**ä**ndel	(← das B**a**nd)
bel**ä**mmert	(← das L**a**mm)
die G**ä**mse	(← der G**a**msbock)
der St**ä**ngel	(← die St**a**nge)
überschw**ä**nglich	(← der Überschw**a**ng)
einbl**äu**en	(← bl**au**)
gr**äu**lich, die Gr**äu**el	(← das Gr**au**en)
sich schn**äu**zen	(← die Schn**au**ze)

Es gibt weiterhin einige Ausnahmen, die wichtigsten sind:

die Eltern	(trotz: alt, älter)
schmecken	(trotz: der Geschmack)
wecken	(trotz: wach)

Man darf schreiben:

	aufwendig	(← aufwenden)
oder	aufwändig	(← der Aufwand)

Übungen

3.2 Welches Wort ist gemeint?

ein kleines Quantum

_____

ein Tier, das wie eine Ziege aussieht und im Gebirge lebt

_____

sich die Nase putzen

_____

grauenhafte Dinge, die im Krieg passieren

_____

sich übermäßig und sehr gefühlvoll bedanken

sich _____ bedanken

sich eingeschüchtert, übel fühlen

sich _____ fühlen

4. Einzelne Neuregelungen

Die Neuregelung betrifft eine Reihe von Einzelfällen, die im Folgenden aufgezählt werden:

Schreibung mit zusätzlichem _h_

Das betrifft die Wörter

der Föhn	(bisher: Fön)
die Rohheit	(bisher: Roheit)
die Zähheit	(bisher: Zäheit)

Schreibung ohne _h_

rau   (bisher: rauh)

In Analogie zu _blau, genau, schlau._ Diese Wörter werden auch ohne _h_ geschrieben.

Känguru   (bisher: Känguruh)

In Analogie zu _Gnu, Kakadu._ Diese Wörter werden auch ohne _h_ geschrieben.

Schreibung mit Doppelkonsonant

Bisher schrieb man die Nummer, aber: _numerieren_ (nur mit einem _m_).

Zukünftig wird auch das Verb mit _-mm-_ geschrieben: nummerieren

Weiterhin mit _m_: _das Numerale_ (= Zahlwort), _der Numerus clausus_.

Bisher schrieb man _tippen_, aber: _der Tip_ (nur mit einem _p_).

Zukünftig werden beide Wörter mit _-pp_ geschrieben.

der Tipp   ebenso: der Stopp

Weiterhin mit einem _p_: _Stop!_ (Verkehrsschild), _Stop-and-go-Verkehr_

Weitere Wörter, die zukünftig mit Doppelkonsonanten geschrieben werden:

tollpatschig, frittieren, Karamell, Stepptanz

Schreibung mit _tz_

Bisher schrieb man _der Platz_, aber _plazieren_.

Zukünftig werden beide Wörter und alle Ableitungen mit _-tz-_ geschrieben:

platzieren, deplatziert, die Platzierung, der Erstplatzierte ...

Neue Zusammenschreibung

zurzeit   (bisher: zur Zeit)   In Analogie zu _derzeit._

Plural englischer Substantive auf _-y_

Englische Substantive mit der Endung _-y_ erhalten im Plural ein _-s._

die Babys, die Ladys, die Partys ...

Übungen

4.1 Welche Wörter sind gemeint?

Man braucht ihn zum Haaretrocknen.

_____

eine Tapete mit rauer Oberfläche

_____

jede Seite mit einer Nummer versehen

_____

das Auto zum Halten bringen

_____

einen Tipp abgeben

_____

derjenige, der den ersten Platz einnimmt

_____

ungeschickt, tölpelhaft

_____

in flüssigem Fett braun braten

_____

Pudding mit gebräuntem Zucker

_____

5. Neue Möglichkeiten

Die Neuregelung lässt dem Schreibenden in einigen Fällen die Freiheit, so zu schreiben wie bisher oder eine neue Schreibung anzuwenden. Das betrifft die Wörter mit *selbst-* und viele Fremdwörter.

selbst ...
Bisher schrieb man Sel**bst**vertrauen, Sel**bst**bedienung, Sel**bst**bestimmungsrecht, sel**bst**sicher – aber: *selbständig, Selbständigkeit, unselbständig*

Zukünftig darf man auch schreiben:
   sel**bst**ständig ...

Diese neue Möglichkeit sollte man anwenden, auch Schulbücher bevorzugen diese Schreibung.

Bei einer Verbindung von *selbst-* mit einem adjektivisch gebrauchten Partizip kann neu getrennt oder wie bisher zusammengeschrieben werden.
   selbst gebackener Kuchen   oder: selbstgebackener Kuchen
   selbst verdientes Geld   oder: selbstverdientes Geld

Aber weiterhin: *selbstbewusst, selbstsicher*

Fremdwörter
Man darf alle Fremdwörter weiterhin so schreiben wie bisher. Bei einigen ist auch eine eingedeutschte Schreibung zulässig:
   Portemonnaie   oder: Portmonee
   Waggon   oder: Wagon
   Mayonnaise   oder: Majonäse
   Facette   oder: Fassette
   Bravour   oder: Bravur

Das *ph* kann bei allen Fremdwörtern in den Wortbestandteilen *phon*, *phot*, *graph* und in einigen Einzelfällen durch *f* ersetzt werden:
   Saxophon   oder: Saxofon
   Geographie   oder: Geografie
   Photokopie   oder: Fotokopie

5.1 Schreiben Sie die folgenden Fremdwörter ohne *h*.

das Ghetto: _____

der Joghurt: _____

das Känguruh: _____

der Katarrh: _____

der Panther: _____

die Spaghetti: _____

der Thunfisch: _____

(Die meisten Schreibungen mit *rh* und *th* bleiben obligatorisch:

Rheuma, Rhythmus, Apotheke, Thema, Mathematik, Sympathie ...)

5.2 Schreiben Sie bei den folgenden Fremdwörtern *f* für *ph*.

der Delphin: _____

die Graphik: _____

das Megaphon: _____

der Paragraph: _____

die Phantasie: _____

(Die meisten Schreibungen mit *ph* sind aber geblieben: *Atmosphäre, Metapher, Phase, Physik ...*)

5.3 Man schreibt *Armee, Idee, Kaffee, Klischee, Tournee*.
Schreiben Sie ebenso:

das Dekolleté: _____

das Negligé: _____

das Exposé: _____

das Varieté: _____

5.4 Man schrieb schon immer *Provinz – provinziell, Tendenz – tendenziell*.
Schreiben Sie ebenso:

die Differenz: _____

die Existenz: _____

die Potenz: _____

die Substanz: _____

die Essenz: _____

Test 1

a) **Welche Wörter sind nach den neuen Regeln falsch geschrieben?**
   Unterstreichen Sie die falsch geschriebenen Wörter und schreiben Sie
   die Wörter nach der neuen Schreibung in die rechte Spalte.

Wasser, wäßrig, Wasserfall	_____
es fließt, es floß, das Floß	_____
wissen, ich habe gewußt	_____
Wer weiß? gewiß, Gewißheit	_____
essen, er ißt, er hat gegessen	_____
schließen, Schluß, schließlich	_____
Schloß, die Tür ist geschlossen	_____
beißen, der Hund biß zu	_____
der Hundebiß, ein bißchen	_____
die Gämse, überschwenglich loben	_____
schmecken, die Eltern	_____
die Greueltaten des Verbrechers	_____
der Numerus, die Nummer	_____
numerieren, das Numerale	_____
die rauhe Wand	_____
eine gute Plazierung erreichen	_____
ein guter Tip, tippen	_____

b) **Suchen Sie jeweils ein synonymes Wort.**
   Nach den neuen Regeln sind zwei Schreibweisen möglich.

italienisches Nudelgericht	_____	_____
Einbildungskraft	_____	_____
ohne fremde Hilfe	_____	_____
dicke Milch	_____	_____
Abschnitt eines Gesetzes (oder eines Vertrags)	_____	_____
kurze Darstellung eines Sachverhalts	_____	_____

B. Groß- und Kleinschreibung

1. Großschreibung der Substantive

Eine Besonderheit der deutschen Rechtschreibung ist die Großschreibung der Substantive (Nomen) und aller anderen Wörter, wenn sie als Substantive gebraucht werden.

Substantive:	der **Mann**	die **Verantwortung**
	die **Frau**	die **Freiheit**
	das **Kind**	das **Recht**
	das **Haus**	die **Toleranz**

Andere Wörter, die als Substantive gebraucht werden:

Wir gehen essen.	Das **Essen** ist fertig.
Der klein gedruckte Text.	Das **Kleingedruckte** lesen.
Alles liegt durcheinander.	Das **Durcheinander** war groß.

Die „Amtliche Regelung der deutschen Rechtschreibung" stellt im § 57 noch einmal klar, an welchen Merkmalen man ein Substantiv erkennen kann:

Vor dem Substantiv können stehen

1. Artikel
   - Bestimmte Artikel: *der, die, das, des, dem, den* ...
   - Unbestimmte Artikel: *ein, eine, eines, einem, einen* ...
   - Bestimmte Artikel, die mit Präpositionen verschmolzen sind:
     am (an dem), aufs (auf das), fürs (für das), im (in dem), zum (zu dem) ...

2. Pronomen
   - Demonstrativpronomen: *dieser, diese, dieses, diesem, diesen* ...
   - Possessivpronomen: *mein(e), dein(e), sein(e), ihr(e), unser(e), euer* ...
   - Sonstige Pronomen: *kein, etwas, nichts, alle, einige* ...

3. Unbestimmte Zahlwörter
   - *ein paar, genug, viel, wenig, jeder* ...

4. Adjektive (als Attribute)
   Zum Beispiel: *das schnelle/neue Auto*

Jedes Substantiv (wie auch jedes Personalpronomen) steht in einem der vier Fälle: Nominativ, Akkusativ, Dativ, Genitiv.

1.1 Ordnen Sie zu: *der neue, ein, jeder, mein, dieser, kein*

Bestimmter Artikel: Sonstiges Pronomen:

der _____ Kugelschreiber   _____ Kugelschreiber

Unbestimmter Artikel: Unbest. Zahlwort:

_____ Kugelschreiber   _____ Kugelschreiber

Demonstrativpronomen: Artikel + Adjektiv:

_____ Kugelschreiber   _____ Kugelschreiber

Possessivpronomen:

_____ Kugelschreiber

2. Feste Wendungen

Neu ist, dass nach den amtlichen Regelungen mehr Wörter großgeschrieben werden, die die Merkmale eines Substantivs haben. Bisher geschah das in sehr vielen Fällen nicht.

In festen Wendungen werden alle Wörter, die die Merkmale eines Substantivs haben, großgeschrieben.

1. Bestimmter Artikel
   Beispiele: der **E**inzelne, das **F**olgende, der **N**ächste

2. Bestimmter Artikel mit Präposition verschmolzen
   Beispiele: im **A**llgemeinen, im **F**olgenden, im **V**oraus

3. Unbestimmter Artikel oder dessen Verneinung
   Beispiele: ein **Ü**briges, ein **N**eues, kein **E**inziger

4. Pronomen
   Beispiele: sein **M**öglichstes, alle **Ü**brigen, jeder **E**inzelne

5. Unbestimmtes Zahlwort
   Beispiele: alles **S**onstige

6. Substantivische Verwendung im Satz

Beispiele: Er hat **Ä**hnliches gesehen.

Nur **L**etzteres war interessant.

Ein Fest für **J**ung und **A**lt.

Ausnahmen: - ein bisschen

- ein paar (Im Sinne von *einige*)

- am meisten, am wenigsten

- unter anderem

viel, wenig, (der) eine, (der) andere

Die unbestimmten Zahlwörter *viel, wenig, (der) eine, (der) andere* können großgeschrieben werden, wenn die substantivische Verwendung betont werden soll.

Beispiele: die Vielen   oder: die vielen

das Wenige   oder: das wenige

der Eine   oder: der eine

alles Andere   oder: alles andere

Ausnahmen:

In einigen festen Wendungen wird weiterhin kleingeschrieben. Es sind Wendungen
aus Präposition mit Eigenschaftswort. Das Eigenschaftswort ist nicht gebeugt:
in bar, von klein auf, von nah und fern ...

Wendungen aus Präposition und dekliniertem Adjektiv können großgeschrieben werden.

Beispiele: seit Kurzem   oder: seit kurzem

seit Langem   oder: seit langem

seit Längerem   oder: seit längerem

von Nahem   oder: von nahem

seit Neuestem   oder: seit neuestem

von Neuem   oder: von neuem

ohne Weiteres   oder: ohne weiteres

von Weitem   oder: von weitem

Übungen

2.1 Schreiben Sie die Wendungen auf die freie Linie.

im ALLGEMEINEN   *im Allgemeinen* _____

im FOLGENDEN   _____

im ÜBRIGEN   _____

im EINZELNEN   _____

im WESENTLICHEN   _____

vielen Dank im VORAUS   _____

etwas ÄHNLICHES vorschlagen   _____

jeder BELIEBIGE   _____

es ist wohl das BESTE   _____

jeder EINZELNE kann helfen   _____

aufs GANZE gehen   _____

bis ins KLEINSTE vorbereitet   _____

alles MÖGLICHE versuchen   _____

es aufs NEUE probieren   _____

aus dem VOLLEN schöpfen   _____

des WEITEREN   _____

ohne WEITERES   _____

von NEUEM   _____

2.2 Schreiben Sie die Sätze auf die freie Linie.
(Beachten Sie dabei die Ausnahmen.)

Das ist etwas ANDERES.

_____

Alles dauerte ein BISSCHEN lange.

_____

Ein PAAR Bekannte besuchen.

_____

Ich freue mich darüber am MEISTEN.

_____

Die VIELEN, die gekommen waren.

_____

Jeder ANDERE wäre gescheitert.

_____

Das WENIGE, was noch zu tun ist.

_____

3. erste / Erste ...

Wenn die Ordnungszahlen _Erste, Zweite, Dritte, ... Nächste, Letzte_ allein stehen, werden
sie als Substantive angesehen. Man schreibt sie groß.

Beispiele: der **E**rste
              Der **N**ächste, bitte!

Wenn diese Wörter jedoch vor einem Substantiv stehen, gelten sie nicht als Substantive.
Man schreibt sie klein.

Beispiele: die **e**rste Geige
              der **n**ächste Patient

Übungen

3.1 Stehen die Wörter allein oder vor einem Substantiv?
Schreiben Sie die Formulierungen auf die freie Linie.

	Steht allein	vor Subst.	
zum ERSTEN Mal	▦	✔	_zum ersten Mal_
der ERSTE sein	▦	▦	_____
der ERSTE des Monats	▦	▦	_____
als ERSTER fertig sein	▦	▦	_____
im ERSTEN Stock wohnen	▦	▦	_____
die ERSTE Klasse	▦	▦	_____
fürs ERSTE genug	▦	▦	_____

3.2 Ebenso.

	Steht	allein	vor Subst.	
jeder ZWEITE		▨	▨	_____
aus ZWEITER Hand		▨	▨	_____
die ZWEITE Stimme		▨	▨	_____
zum ZWEITEN		▨	▨	_____
an ZWEITER Stelle		▨	▨	_____

3.3 Ebenso.

	Steht	allein	vor Subst.	
das NÄCHSTE Mal		▨	▨	_____
mein NÄCHSTER		▨	▨	_____
der NÄCHSTE, bitte		▨	▨	_____
das NÄCHSTE wäre ...		▨	▨	_____
etwas als NÄCHSTES tun		▨	▨	_____

3.4 Ebenso.

	Steht	allein	vor Subst.	
der LETZTE Schrei		▨	▨	_____
die LETZTE Ehre		▨	▨	_____
zum LETZTEN Mal		▨	▨	_____
als LETZTER fertig sein		▨	▨	_____
der LETZTE sein		▨	▨	_____
das ist das LETZTE		▨	▨	_____

4. Angst, Recht ...

Die Wörter *Angst, Leid, Pleite, Recht, Schuld* gebraucht man **auch** als Substantive und schreibt sie dann mit großem Anfangsbuchstaben.

Beispiele: Ich habe keine Angst.

                Das macht mir Angst und Bange.

                Freud und Leid miteinander teilen. (aber: das tut mir leid, leidtun)

                Die Firma macht Pleite. (aber: geht pleite, pleitegehen)

                Das ist mein gutes Recht.

                Ich habe keine Schuld daran.

Mit großem oder kleinem Anfangsbuchstaben schreibt man:

   – recht/Recht haben, recht/Recht geben, recht/Recht behalten ...

   – unrecht/Unrecht haben, unrecht/Unrecht tun ...

---

angst, leid, pleite, recht, schuld

In Verbindung mit den Verben *sein*, bleiben, werden* gelten diese Wörter nicht als Substantive und werden deshalb nur kleingeschrieben.

Beispiele: er ist pleite

                du bist schuld

                mir wird angst

                das ist mir recht

---

* Formen des Hilfsverbs sein:

    ich bin, du bist, er/sie ist, wir sind, ihr seid, sie sind

    ich war, du warst, er/sie war, wir waren, ihr wart, sie waren

    ich bin gewesen, du bist gewesen ...

    ich werde sein, du wirst sein, er/sie wird sein ...

Hinweis: *recht* kann auch als Adverb verwendet werden, dann schreibt man es ebenfalls klein.

Beispiele: es jemandem recht machen

                Gehe ich recht in der Annahme?

                Das geschieht ihm recht!

4.1 Unterstreichen Sie die Formulierungen, in denen *angst, leid, pleite, recht, schuld* in Verbindung mit dem Verb sein gebraucht wird.

Mir ist ANGST und BANGE.

Du brauchst wirklich keine ANGST zu haben.

vor ANGST zittern

Ich bin es jetzt LEID.

jemandem ein LEID antun

Die Firma war schon lange PLEITE.

Der Kaufmann hat PLEITE gemacht.

Die PLEITE kostet viel Geld.

Du hast RECHT.

Ich muss dir RECHT geben.

Das ist mir durchaus RECHT.

Du hast SCHULD.

Jemandem die SCHULD geben.

Mein Bruder war an allem Unglück SCHULD.

4.2 Fünf Sätze sollten Sie unterstrichen haben.
Schreiben Sie diese Sätze noch einmal ab.

_____

_____

_____

_____

_____

5. Einzelne Neuregelungen

Mit großem Anfangsbuchstaben schreibt man:

– Tageszeiten, denen die Wörter *heute, (über)morgen, (vor)gestern* vorausgehen.

Beispiele: heute Morgen

gestern Abend

morgen Vormittag

– *auf* + Sprache

Beispiele: auf Deutsch

auf Englisch

auf Spanisch

Übungen

5.1 Ergänzen Sie die Lücken.

Die Einladungen sind vorgestern _____ verschickt worden.

Wir treffen uns morgen _____.

Morgen _____ findet ein geselliges Beisammensein statt.

Die Tagung wird bis übermorgen _____ dauern.

Übermorgen _____ sind alle Teilnehmer abgereist.

MORGEN

VORMITTAG

ABEND

MITTAG

ABEND

5.2 Ergänzen Sie die Lücken.

Die Gebrauchsanweisung ist leider nur auf _____ geschrieben.

Dahinter steht eine Übersetzung auf _____.

Kannst du mir den Text auf _____ übersetzen?

ENGLISCH

JAPANISCH

DEUTSCH

6. Anrede

Wie in anderen Sprachen werden auch im Deutschen Pronomen bei der formellen Anrede mit großem Anfangsbuchstaben geschrieben: *Sie, Ihnen, Ihr ...*

> *du* und *ihr* – *dein* und *euer*
>
> Zukünftig **können** die Anredepronomen *du* und *ihr* und die besitzanzeigenden Pronomen *dein* und *euer* in Briefen, Widmungen usw. kleingeschrieben werden.
>
> Beispiele: Ich gratuliere dir/Dir zum Geburtstag.
>
> Ich heiße euch/Euch herzlich willkommen.

Übungen

6.1 Ergänzen Sie die Anredepronomen.

Sehr geehrter Herr Schmidt,

für _____ Brief vom 3. Oktober danke ich _____.

Ich freue mich, dass _____ mit meinem Terminvorschlag einverstanden sind.

Ich werde _____ am Freitagvormittag gegen 11 Uhr besuchen.

Mit den besten Grüßen, auch an _____ Gattin

6.2 Ebenso.

Lieber Stephan,

für _____ Brief vom 3. Oktober danke ich _____.

Ich freue mich, dass _____ in der nächsten Woche für mich Zeit hast.

Ich werde _____ am Freitagvormittag gegen 11 Uhr besuchen.

Herzliche Grüße, auch an _____ liebe Frau

Großschreibung (Übersicht)

Überschrift, Satzanfang
Der Erlkönig
Die Judenbuche
Morgen fahren wir nach München.
Herzliche Grüße

Eigennamen
Friedrich **S**chiller
Ludwig van **B**eethoven
Berlin
Rhein

Substantive (Nomen)
Wörterbuch
Computer
Rechtschreibung
Fremdsprache

Formelle Anrede
Kommen **S**ie bitte herein.
Wie geht es **I**hnen?

Wörter, die als Substantive gebraucht werden
kein **E**inziger
zum **E**ssen kommen
jemandem das **D**u anbieten
im **F**olgenden

Adjektive
– denen die Wörter *etwas, alles, viel, wenig, nichts* vorausgehen:
  alles **G**ute
  nichts **B**esonderes

– die zu Eigennamen gehören:
  das Kap der **G**uten Hoffnung
  das **S**chwarze Meer

– die auf *-er* enden und von geografischen Namen abgeleitet sind:
  der **B**erlin**er** Bär
  das **M**ünchn**er** Bier
  das **H**eidelberg**er** Schloss

Adjektive

– Verbindungen mit einer neuen Gesamtbedeutung **können** großgeschrieben
werden.
das schwarze Brett / **S**chwarze Brett
der blaue Brief / **B**laue Brief
der weiße Tod / **W**eißer Tod

– Adjektive, die mit dem Substantiv einen neuen Begriff bilden, werden
großgeschrieben.
die **E**rste Hilfe
die **G**elbe Karte
die **K**leine Anfrage

Test 2

An welchen Begleitwörtern erkennt man, dass die fett gedruckten Wörter Substantive sind? Bestimmen Sie die Begleitwörter.

Wir sind ein richtiges **Team**. _____

Ich habe dafür kein **Verständnis**. _____

die volle **Verantwortung** tragen _____

für die **Freiheit** kämpfen _____

jemandem einen **Drink** anbieten _____

Das ist unser **Haus**. _____

Diese **Waren** kommen aus dem Ausland. _____

der deutsche **Wald** _____

im **Grunde** genommen _____

Kein **Einziger** war dafür. _____

Im **Folgenden** wird das erklärt. _____

Im **Allgemeinen** kann ich zustimmen. _____

Jeder will der **Erste** sein. _____

C. Getrennt- und Zusammenschreibung

1. Zusammengesetzte Wörter

Wer Deutsch als Fremdsprache lernt, staunt sehr, wie leicht im Deutschen Wörter zusammengesetzt werden können. Es entstehen wahre Wortungetüme, die Deutschlernern beim Lesen große Schwierigkeiten machen.

Man findet zusammengesetzte Wörter überall, in Büchern, Zeitungen, in Werbung und Prospekten. Sie wirken weder gesucht noch schwerfällig – sie sind ganz natürlich. Deutsche haben mit diesen langen Wörtern überhaupt keine Schwierigkeiten.

Übungen

1.1 In den Kleinanzeigen einer Tageszeitung stehen folgende Angebote:

Campingwagen ab sofort zu vermieten, Tel …	**Lederreitstiefel** „Veltheim", Gr. 40, Schaft 39/40, VB 240,–, Tel. …
Suche **Zwillingskinderwagen**, Tel. …	
Kaminholz RM 70,– u. 80,–, Tel. …	Grauer **Kinderwagen** zu verschenken. Tel. …
Kücheneckbank m. Tisch u. 2 Stühlen, Mahagoni zu verk., Tel. …	**Brautkleid**, Gr. 38, zu verk., Tel. …
	Dachgepäckträger für Golf III od. Jetta, abschließbar., 80,–, …
Gartenpflanzen Stk. 1,–, Tel. …	
Schlauchboot, 3,30 x 1,50 m, zu verk., Tel. …	**Wohnzimmerschrank**, echt Eiche, 350 x 210 x 56 cm, zu verk., Pr.: VB 800,–, …

Aus zwei Substantiven sind zusammengesetzt:

_____

_____

_____

_____

Aus drei Substantiven sind zusammengesetzt:

_____

_____

Die neue deutsche Rechtschreibung beschränkt die Möglichkeiten für solche Zusammensetzungen von Substantiven nicht. Neuerungen gibt es im Bereich der Verben, der Adjektive und der „anderen Wortarten".

2. Verben

In Verbindung mit Verben sind drei wichtige Hauptregeln zu beachten.

1. Substantiv / Verb

Substantiv und Verb werden getrennt geschrieben

Beispiele:	Rad fahren	Angst machen
	Auto fahren	Sport treiben

Verbindungen aus Substantiv und einem adjektivisch gebrauchten Partizip können getrennt oder zusammengeschrieben werden.

Beispiele:	Not leidend	auch: notleidend
	Erfolg versprechend	auch: erfolgversprechend

Verbindungen, bei denen gegenüber der zugrunde liegenden Wortgruppe ein Wort eingespart wird, schreibt man immer zusammen.

Beispiele: milieubedingt (*durch das Milieu bedingt: durch* und *das* wird eingespart)

ausschlaggebend (*den Ausschlag geben: den* wird eingespart)

Wenn das Substantiv in dieser Form nicht selbstständig vorkommt, wird ebenfalls zusammengeschrieben.

Beispiele: *fried*liebend (das Substantiv heißt *Frieden*)

*grenz*überschreitend (das Substantiv heißt *Grenze*)

Auch wenn das Substantiv und das Partizip mit einem so genannten Fugenelement (meistens ein *-s*) verbunden ist, wird zusammengeschrieben.

Beispiele: erholung*s*suchende Touristen

lebens*rettende Medikamente

sonne*n*verwöhnte Urlauber

Zusammenschreibung gilt wie bisher bei

– untrennbaren zusammengesetzten Verben:

bergsteigen – wir bergsteigen, wir sind berggestiegen

schlussfolgern – wir schlussfolgern – wir haben schlussgefolgert

notlanden – wir notlanden, wir sind notgelandet

sonnenbaden – wir sonnenbaden, wir haben sonnengebadet

u.a.

– zusammengesetzten Verben mit

    heim... – heimkehren, wir kehren heim, wir sind heimgekehrt

    leid... – leidtun, es tut mir leid, es hat mir leidgetan

    preis... – preisgeben, wir gaben preis, wir haben preisgegeben

    stand... – standhalten, wir halten stand, wir haben standgehalten

    statt... – stattfinden, es findet statt, es hat stattgefunden

    teil... – teilnehmen, wir nehmen teil, wir haben teilgenommen

    u.a.

Übungen

**2.1 Bilden Sie Partizipgruppen. Achten Sie darauf, dass manchmal Getrennt-
und Zusammenschreibung korrekt sind.**

Wo finde ich heute am Sonntag die

Dienst habende / diensthabende _____ Apotheke?

die _____ Länder

Das verbleite Benzin enthält

_____ Stoffe.

Der Kaufvertrag ist _____.

Das war ein _____ Verkäufer.

DIENST HABEN
ERDÖL EXPORTIEREN
KREBS ERREGEN
COMPUTER SCHREIBEN
VERTRAUEN ERWECKEN

2.2 Ergänzen Sie die Sätze. Schreiben Sie, wenn nötig, zusammen.

Das Flugzeug musste _____ landen.

Das wird dir noch _____ tun.

Es tut mir wirklich _____.

Wann wird die Vorstellung _____ finden?

Findet die Vorstellung abends _____?

Morgen gehen wir _____ laufen.

Alle werden _____ nehmen.

Ich nehme auch _____.

Wann werden wir _____ kehren?

Wir kehren um 20 Uhr _____.

NOT
LEID
LEID
STATT
STATT
EIS
TEIL
TEIL
HEIM
HEIM

2. Verb / Verb

Zwei Verben werden getrennt geschrieben.

Diese Regel gilt, wenn der erste Teil ein Infinitiv oder ein Partizip ist.

Beispiele: lesen lernen, helfen kommen

     geschenkt bekommen, getrennt leben

Ausnahmen:

Bei Verbindungen mit *bleiben* und *lassen* an zweiter Stelle ist bei übertragener Bedeutung auch Zusammenschreibung korrekt. Dasselbe gilt für *kennen lernen*.

Beispiele: liegen bleiben / liegenbleiben (unerledigt bleiben)

     sitzen bleiben / sitzenbleiben (in der Schule nicht versetzt werden)

     stehen lassen / stehenlassen (nicht länger beachten)

Wenn bei Partizip-Verb-Verbindungen nicht eindeutig zu klären ist, ob eine übertragene Gesamtbedeutung vorliegt, kann getrennt oder zusammengeschrieben werden: *verloren gehen / verlorengehen*

Ist der zweite Teil ein **adjektivisch gebrauchtes** Partizip, kann getrennt oder zusammengeschrieben werden: der *getrennt lebende / getrenntlebende* Vater, *das verloren gegangene / verlorengegangene Gepäck*.

Übung

2.3 Füllen Sie die Lücken aus.

Diese Wörter werden _____ _____.

                    getrennt
geschrieben

„Wollen wir heute _____ _____?"

„Ja, ich würde gerne mit dir _____ _____."

                    baden
gehen

„Was machst du heute Nachmittag?"

„Ich wollte ein bisschen im Park _____ _____.

Willst du mitkommen?" „Gern! Der Park ist schön.

Ich bin dort kürzlich _____ _____."

                    spazieren
gehen

„Wir gehen jetzt nach Hause. Denk an deinen
Regenschirm. Du solltest ihn hier nicht

_____ _____."

„Gut, dass du mich erinnerst. Ich habe ihn

schon einmal _____ _____."

liegen

lassen

3. ... + „sein"

Alle Verbindungen mit dem Verb *sein** gelten nicht als Zusammensetzungen.
Sie werden immer getrennt geschrieben.

Beispiele: hier sein

zusammen sein

wir sind zusammen gewesen

* Die Formen des Verbs sein finden Sie auf Seite 24.

Übung

2.4 Ergänzen Sie die Lücken.

Wann wird die Veranstaltung vorbei _____?	sein
Alle wollten unbedingt dabei _____.	sein
Bist du auch da _____?	gewesen
In 10 Minuten wird mein Vater zurück _____.	sein
Wirst du dann noch hier _____?	sein
Wann wirst du fertig _____?	sein
Sie werden zufrieden _____.	sein
Alles wird bald vorüber _____.	sein

Als Ergänzung zu den Regeln 1. – 3. muss man sich noch eine wichtige Ausnahme merken:
Diese Regeln gelten nur, wenn die Verben tatsächlich als Verben gebraucht werden.
Bei **substantivierten Verben**, das heißt bei Verben, die als Substantive gebraucht werden,
gelten sie **nicht**.

4. Substantivierte Verben

Substantivierte Verben werden zusammengeschrieben.

Beispiele:	Ich will Rad fahren.
aber:	Das **Radfahren** macht Spaß.
	Ich möchte heute spazieren gehen.
aber:	Das **Spazierengehen** mögen meine Kinder nicht.
	Wir werden zusammen sein.
aber:	Das **Zusammensein** mit ihm war schwierig.

Übung

2.5 Ergänzen Sie die Lücken.

Vor dem Schalter Schlange stehen.

Das _____ dauerte lange.

Wir wollten noch spazieren gehen.

Das _____ ist gesund.

Wir sollten den Fall ruhen lassen.

Das _____ des Falls ist nicht möglich.

Mein Freund lernt Auto fahren.

Das _____ macht ihm keine Schwierigkeiten.

Ich prüfe, ob alle Papiere vorhanden sind.

Das _____ aller Papiere überprüfen.

Ich muss die Küche sauber halten.

Das _____ der Küche hat noch bis nachher Zeit.

Der Schüler muss das Gedicht auswendig lernen.

Das _____ des Gedichts fällt ihm schwer.

Meine Schwester treibt Sport.

Das _____ macht ihr großen Spaß.

5. Adjektiv / Verb

Verbindungen aus Adjektiv und Verb werden zusammengeschrieben, wenn das Wort eine neue übertragene Bedeutung hat.

Beispiele: Das Wort musst du kleinschrieben. (mit kleinem Anfangsbuchstaben)

aber: Du musst das klein schreiben. (Schriftgröße)

Die Frage muss offenbleiben. (nicht zu klären)

aber: Die Tür muss offen bleiben. (auf bleiben)

Neu ist, dass Adjektive in Verbindung mit einem Verb getrennt oder zusammengeschrieben werden können, wenn das Adjektiv das Ergebnis einer vom Verb benannten Handlung beschreibt.

Beispiele: die Karotten klein schneiden / kleinschneiden

die Tasse kaputt machen / kaputtmachen

den Kuchen kalt stellen / kaltstellen

Verbindungen, die von den beiden oben genannten Regeln nicht betroffen sind, schreibt man getrennt.

Beispiele: auswendig lernen   genau nehmen

lang schlafen   langsam sprechen

Übung

2.6 Wird getrennt oder zusammengeschrieben?
Oder sind beide Schreibweisen korrekt?

Sie lassen das Schwimmbad im Herbst _____ laufen. leer

Du musst den Teller nicht _____ essen. leer

Sie ist erst in der ersten Klasse und kann schon _____ schreiben. gut

Wir werden den Rest bei der nächsten Rechnung _____ schreiben. gut

Die Polizei muss den Täter _____ nehmen. fest

Du musst die Hundeleine _____ halten. fest

Sie möchte sich die Haare _____ färben. blond

3. Adjektive

Verbindungen mit einem einfachen ungebeugten Adjektiv können getrennt oder zusammengeschrieben werden.

Beispiele: allgemein gültig / allgemeingültig

                schwer verständlich / schwerverständlich

Ist der erste Teil erweitert oder gesteigert, wird nur getrennt geschrieben.

Beispiele: Die Regeln sind sehr schwer verständlich. (erweitert mit *sehr*)

                Die Ausnahmen sind leichter verständlich. (gesteigert: leich*ter*)

> Zwei Adjektive werden zusammengeschrieben, wenn sie gleichrangig sind.
>
> Beispiele: taubstumm (*taub* und *stumm*)
>
>   blaugrau (*blau* und *grau*)
>
> Zusammenschreibung gilt auch, wenn das erste Teil die Bedeutung verstärkt oder vermindert.
>
> Beispiele: bitterböse
>
>   superschlau

Übung

3.1 Wird getrennt oder zusammengeschrieben?
Oder sind beide Schreibweisen korrekt?

Die Frage war _____.

Das Flugzeug ist _____.

Die Frauen sind _____.

Er war lange Zeit _____.

Der Winter war _____.

Es war ein _____ Fest.

dumm – dreist
ultra – leicht
eng – verwandt
schwer – krank
bitter – kalt
feucht – fröhlich

4. Andere Wortarten

wie, so, zu ...

Wie, so (genauso, ebenso), zu (allzu, viel zu) und das folgende Adverb oder Adjektiv werden getrennt geschrieben.

Beispiele:	wie viel	zu viel
	so viel	allzu viel
	genauso viel	viel zu viel
	ebenso viel	so weit

Hinweis: *soviel, sobald, sooft* ... können auch als Konjunktionen gebraucht werden. Sie leiten dann Nebensätze ein. Als Konjunktionen werden diese Wörter zusammengeschrieben: *Soviel ich weiß, kommt er heute.*

Übungen

4.1 Setzen Sie *viele* ein.

Wie _____ Gäste werden wohl kommen?

So _____ wie sich angemeldet haben.

Genauso _____ wie immer.

Zu _____ werden es kaum sein.

Wir haben viel zu _____ Getränke gekauft.

4.2 Setzen Sie *lange, oft, weit* oder *heiß* ein.

Wie _____ bleibst du in Spanien?

So _____ wie ich Ferien habe.

Ebenso _____ wie im letzten Jahr.

Zu _____ halte ich die Hitze nicht aus.

Im letzten Jahr war es viel zu _____.

Wie _____ warst du schon in Spanien?

Wie _____ fliegst du immer?

5. Bindestrich

Zwischen Ziffer, Einzelbuchstaben, Abkürzungen und Wort steht ein Bindestrich.

Beispiele: 100-mal   E-Mail

              80-jährig   T-Shirt

              100-prozentig   UNO-Sicherheitsrat

Ziffer und Nachsilbe werden jedoch zusammengeschrieben.

Beispiele: der 68er   ein 100stel

Sind Ziffer und Endung Bestandteil einer Zusammensetzung, steht zwischen Endung und Grundwort ein Bindestrich.

Beispiele: eine 100stel-Sekunde

              eine 3-Zimmer-Wohnung

Ausnahme:

Bei Verbindungen mit *-fach* und *Jahr* ist Schreibung mit und ohne Bindestrich möglich:

8fach / 8-fach, 90er Jahre / 90er-Jahre

Übung

5.1 Schreiben Sie die Sätze ab, verwenden Sie Ziffern.

„Rechtschreibung" ist ein dreisilbiges Wort.

Hundertprozentige Sicherheit gibt es nie.

Das war in den achtziger Jahren so.

Ein achtstündiger Arbeitstag ist anstrengend.

Eine vierzehntägige Urlaubsreise machen.

Das Foto wurde nur eine fünfhundertstel Sekunde belichtet.

---

6. Neue Möglichkeiten

Zahlreiche feste Verbindungen aus Präposition und (verblasstem) Substantiv kann man getrennt oder zusammenschreiben.

Übung

6.1 Ergänzen Sie die zweite Möglichkeit selbstständig.

an Stelle	*anstelle*
auf Grund	aufgrund
in Frage stellen	_____
_____	aufseiten
von Seiten	_____
_____	außerstande sein
im Stande sein	_____
_____	mithilfe von
zu Grunde gehen	_____
_____	zugunsten von
zu Mute sein	_____
_____	zuschulden kommen lassen
etwas zu Stande bringen	_____
_____	instand setzen
zu Leide tun	_____
_____	zulasten von

Test 3

Ein Wort? Zwei Wörter?

Er ist _____ gefahren.	RAD
Die Verunglückten können einem _____ tun.	LEID
Etwas Schönes _____ bekommen.	GESCHENKT
Wollen wir _____ tanzen?	TANGO
Ein _____ suchender Freund.	RAT
Viele Zuschauer sind _____ gewesen.	DABEI
Ein gemütlichen _____ sein.	BEISAMMEN
Eine _____ verdauliche Speise.	LEICHT
Ein _____ kranker Patient.	SCHWER
So _____ wie möglich.	OFT
Wie _____ sind gekommen?	VIELE
Es dauerte _____ zu lange.	VIEL

D. Worttrennung am Zeilenende

Viele deutsche Wörter sind sehr lang. Daher kommt es oft vor, dass am Ende der Zeile ein Wort getrennt werden muss. Für die Worttrennung gibt es viele Regeln.

Bei der neuen Rechtschreibung bleiben die wichtigsten Trennregeln unverändert, aber bisherige Ausnahmen fallen weg.

1. Worttrennung nach Sprechsilben

Zukünftig gibt es nur noch eine einzige Regel:

Worttrennung

– Mehrsilbige Wörter werden nach Sprechsilben getrennt.

    Beispiele: Mu-se-um

                       ver-ges-sen

                       Hei-mat

                       imp-fen

    Ausnahme: Einzelne Vokale werden nicht abgetrennt: *re-gi-onal, Elan*

– Das gilt auch für *st*.

    Beispiele: Leis- tung

                       Küs- te

– *ck* bleibt ungetrennt und kommt auf die nächste Zeile.

    Beispiele: Zu- cker

                       Bä- cker

Übungen

1.1 Welches Wort ist gemeint? Trennen Sie es dann nach Silben.

viele Musiker, die zusammenspielen, und der Dirigent:

  Or-ches-ter

trockene Landschaft, fast ohne Pflanzen, mit viel Sand:

_____

ein Mitglied der Regierung:

_____

Leute, die in fremde Länder reisen, um sich zu erholen oder um das Land kennen zu lernen:

_____

laut schreiend ausdrücken, dass man nicht einverstanden ist:

_____

Dort kann man gegen Bezahlung essen und trinken:

_____

die verglaste Öffnung, durch die das Licht in den Raum kommt:

_____

die Urkunde, in der ich festlege, wer meine Erben sind:

_____

1.2 Setzen Sie das richtige der folgenden Wörter ein und trennen Sie es dann.

Dackel • Zucker • schmücken • Glocken • Decke • Schnecke • Brücke

Das ist eine Jacke.   _Ja_ - _cke_

Unten ist der Fußboden, oben ist die _____.   _____-_____

Dieser Hund ist ein _____.   _____-_____

Da kriecht eine _____.   _____-_____

Hörst du die _____?   _____-_____

Wir gehen über die _____.   _____-_____

Trinkst du Kaffee mit Milch und _____?   _____-_____

Den Weihnachtsbaum _____.   _____-_____

2. Neue Möglichkeiten

Einige deutsche Wörter und viele Fremdwörter wurden bisher nicht nach Sprechsilbe, sondern nach Wortbestandteilen getrennt. Diese Wörter können jetzt auch nach Sprechsilben getrennt werden.

Beispiele:	da-rüber	oder:	dar-über
	ei-nander	oder:	ein-ander
	hi-naus	oder:	hin-aus
	Mo-nar-chie	oder:	Mon-ar-chie
	pa-ral-lel	oder:	par-al-lel

Übungen

2.1 Ergänzen Sie selbstständig die neuen Worttrennungen.

Bisher:	*Jetzt auch:*
war-um	_____
her-um	_____
wor-an	_____
dar-um	_____
In-ter-es-se	_____
in-ter-es-sant	_____
Päd-ago-gik	_____
Di-plom	_____
He-li-ko-pter	_____

E. Zeichensetzung

Die Regeln für den Gebrauch von Punkt, Doppelpunkt, Fragezeichen und Ausrufezeichen haben sich nicht verändert. Von der Neuregelung ist hauptsächlich die Kommasetzung betroffen.

1. Komma bei der direkten Rede

Die neuen amtlichen Regelungen haben die Kommaregeln bei der direkten Rede vereinfacht. Nach einem abschließenden Anführungszeichen setzen Sie wie bisher ein Komma.

Beispiel: „Das gefällt mir", sagte Frau Brill.

Wenn die direkte Rede mit einem Fragezeichen oder einem Ausrufezeichen endet und der Satz weitergeführt wird, setzen Sie jetzt – neu – auch ein Komma.

Beispiele: „Wie geht es Ihnen?", fragte mich eine Kollegin.
                „Danke gut!", antwortete ich.
                Sie fragte: „Darf ich hereinkommen?", aber sie ging nicht ins Zimmer.

Übungen

1.1 Ergänzen Sie alle fehlenden Anführungszeichen und Kommas.

Nach dem Urlaub sprechen zwei Kollegen miteinander.

Wie war es auf Ibiza?   fragte mich Frau Müller.

Ganz prima!   antwortete ich.

Wie war das Wetter?   wollte sie wissen.

Gut natürlich! Drei Wochen nur Sonnenschein!   sagte ich   Sie sollten auch mal nach Ibiza fahren.

Wie sind denn die Preise?   fragte Frau Müller.

Flug, Hotel, Halbpension sind nicht sehr teuer,   erzählte ich.

Und der Rest?

Das kommt auf Sie an!   sagte ich.   Je nach Ihren Ansprüchen ...

1.2 Ebenso.

Weißt du, Peter?   sagte meine Frau   morgen Abend kommen unsere Nachbarn zu Besuch.

Getränke habe ich schon gekauft! sagte ich. Wein zum Essen und für später Bier.

Soll ich zunächst eine Suppe servieren?   fragte meine Frau.

Abends eine Suppe?   ich hatte Bedenken.   Wie wäre es mit einer Fischplatte?

Mögen unsere Nachbarn eigentlich Fisch?   fragte meine Frau.

Bestimmt!   sagte ich.   Außerdem kannst du eine Platte mit Wurst und kaltem Fleisch auf den Tisch stellen. Dazu verschiedene Brotsorten und zum Schluss Käse.

Ich glaube auch, so könnte es gehen!   sagte meine Frau und fuhr fort: Zum Bier gibt es dann Nüsse und Kartoffelchips. Gegen 11 Uhr biete ich noch einen leckeren Kartoffelsalat mit Würstchen an.

Das ist eine gute Idee!   sagte ich.

2. Neue Möglichkeiten

Als Deutschlerner kann man sich kaum vorstellen, wie wichtig im Schulunterricht seit Jahrzehnten das Lernen der Kommaregeln war. Die Fähigkeit, alle Kommas richtig nach den Regeln setzen zu können, war Zeichen guter Schulbildung und immer ein Kriterium bei der Bewertung von Prüfungsarbeiten.
Es gab vor der Rechtschreibreform etwa 50–70 Kommaregeln, je nachdem, welche Einzelheiten und Ausnahmen man als eigene Regel zählte.

Die Kommaregeln werden unterschiedlich häufig angewendet. Die Rechtschreibreform hat die Kommasetzung dadurch vereinfacht, dass nun in einigen Fällen ein Komma gesetzt werden kann, aber nicht gesetzt werden muss.

Neue Möglichkeiten:

Komma zwischen Hauptsätzen, die mit „und, oder ..." verbunden sind.

Zwischen Hauptsätzen braucht kein Komma zu stehen, wenn sie mit

und	oder
beziehungsweise	sowie
entweder ... oder	sowohl ... als auch
weder noch	
verbunden sind.	

Beispiele: Ich habe Michaela oft besucht(,) und wir waren den ganzen
Abend zusammen.

Sind Sie mit dem Vorschlag einverstanden(,) oder haben Sie Einwände?

Man sollte jedoch auch weiterhin ein Komma setzen, wenn der Satz dadurch übersichtlicher wird. (Ob das notwendig ist, entscheidet der Schreiber.)

Hinweis: *Sondern, aber, jedoch* drücken einen Gegensatz aus. Vor diesen Konjunktionen steht auch zukünftig ein Komma. Beispiel: *Der Ausflug war schön, aber das Wetter war schlecht.*

Infinitiv- und Partizipgruppen

Infinitiv- und Partizipgruppen kann man mit Kommas abtrennen oder zwischen Kommas einschließen.

Beispiele: Sie beschlossen(,) nach Elba zu reisen.

Einen Strauß in der Hand haltend(,) stand er vor der Tür.

Er stand(,) einen Strauß in der Hand haltend(,) vor der Tür.

Ausnahme: Ein einfaches oder paariges Komma muss man setzen, wenn die Infinitivgruppe mit *um, ohne, (an)statt, außer* oder *als* eingeleitet wird.

Beispiel: Wir beeilten uns, um rechtzeitig loszufahren.

Bei formelhaften (verkürzten) Nebensätzen kann man das Komma weglassen.

Beispiele: Ich bin(,) wie bereits gesagt(,) vom 1.–8. August in Berlin.

Sie können mich(,) wenn nötig(,) im Hotel anrufen.

Komma (Die wichtigsten Regeln)

Teilsätze

Das Komma steht zwischen Haupt- und Nebensatz.

Wenn das Wetter schön ist, fahren wir am Wochenende an die See.
    (Nebensatz)   *(Hauptsatz)*

Wir glauben, dass wir dort viel Spaß haben.
(Hauptsatz)   *(Nebensatz)*

Das Komma braucht nicht zwischen Hauptsätzen zu stehen, die mit *und*, *oder* ... verbunden sind.

Ich mache eine Wanderung(,) und meine Frau sonnt sich am Strand.

Eingeschobener Nebensatz

Das Komma steht vor und hinter einem eingeschobenen Nebensatz.

Nach jedem Wochenende, das wir an der See verbringen, sind wir gut erholt.
                                (eingeschobener Nebensatz)

Sprecherangabe

Das Komma steht bei der direkten Rede nach Fragezeichen/Ausrufezeichen und Anführungszeichen, wenn der Satz weitergeführt wird.

„Hast du das schicke Segelboot gesehen?", fragte ich.

Aufzählungen

Das Komma steht (statt und) zwischen aufgezählten Wörtern und Wortgruppen.

Übernachtung, Frühstück und Abendbrot in der Pension sind preiswert.

sondern ...

Das Komma steht immer vor *sondern, jedoch, aber*.

Wir fahren nicht um 9 Uhr los, sondern erst etwas später.

Zusätze, Erläuterungen

Das Komma steht vor Zusätzen und nachträglichen Erläuterungen, besonders wenn sie mit *zum Beispiel, und zwar, nämlich, insbesondere* eingeleitet werden.

Wir fahren gern an die See, zum Beispiel nach Juist oder Norderney.

Erweiterte Infinitive

Das Komma kann den erweiterten Infinitiv mit zu abtrennen, um die Gliederung des Satzes zu verdeutlichen.

Er beschloss(,) nach Sardinien zu fahren.

Abschlusstest

Alle folgenden Texte sind nach der alten Orthographie geschrieben.

a) Unterstreichen Sie die Wörter und Satzzeichen, die nach den neuen Regeln anders geschrieben werden oder anders geschrieben werden können.

b) Schreiben Sie die Wörter in der neuen Rechtschreibung neben den Text.

1. Wieviel Geld geben die Deutschen für den Sport aus?
Etwa 35 Millionen Euro geben die sporttreibenden Deutschen
jährlich unmittelbar für ihre Aktivitäten aus. Dazu kommen
nach einer Münchner Studie noch einmal etwa 31 Milliarden
an Ausgaben, die durch den Sport mittelbar beeinflußt sind.
Im einzelnen werden genannt: Neben den Ausgaben für
Bekleidung und Ausrüstung ist der Sport auch Anlaß, viele
Ausflüge und Reisen zu unternehmen. Damit hat er
Auswirkungen auf die Umsätze der Reiseveranstalter, des
Handels, der Gastronomie und der Hotellerie. Allein diese
Ausgaben betrugen mehr als 8 Milliarden Euro. Schließlich
wirken sich Bau und Erhaltung von Sportanlagen positiv
auf die Umsätze des Baugewerbes aus, und es wurden fast
4 Milliarden Euro dafür aufgewendet. Im ganzen hängen
vom Sport etwa 1 Million Arbeitsplätze ab.

Zahl der Änderungen: _____

2. Ein Brief
Liebe Tante Stefanie,
es tut mir wirklich leid, daß ich Dich vor meiner Abreise nach
Paris nicht mehr erreichen konnte.
Inzwischen bin ich in Paris angekommen, und unsere
Reisegruppe bewohnt ein schönes Hotel in der Nähe des
Boulevard Clichy. Ich muß sagen, Du hast recht, daß Paris
eine wunderschöne Stadt ist. Als erstes werden wir morgen
vormittag eine Stadtrundfahrt machen. In den nächsten Tagen
fahren wir auch nach Versailles.

Am nächsten Wochenende bin ich wieder zu Hause, und ich
werde Dir ausführlich über die Reise nach Paris berichten.
Herzliche Grüße

Zahl der Änderungen: _____

3. Deutsche Lehrer können alles ...

Wußten Sie, daß die deutschen Lehrer nicht nur die Jugend
erziehen, sondern auch das Land regieren? 19 Prozent der
Abgeordneten im Deutschen Bundestag sind Lehrer! Mit
Richtern, Offizieren, Professoren, Lehrern und Angestellten
stellt der öffentliche Dienst 45 Prozent der Abgeordneten, so
daß diese Gruppe über die Parteigrenzen hinweg die Mehrheit
hat. Nur noch jeder achte kommt aus einem freien Beruf –
1990 war es noch jeder siebte. Im übrigen gilt das auch für
Unternehmer, selbständige Handwerker und Landwirte.
Ihr Anteil ist auf 9 Prozent gesunken, so daß wichtige
Bevölkerungsgruppen deutlich unterrepräsentiert sind.

Zahl der Änderungen: _____

4. Wer zuletzt lacht ...

4.1 Bei Müllers klingelt das Telefon. Herr Müller nimmt den
Hörer ab. „Ist Ihre Tochter zu Hause?" fragt eine jugendliche
Stimme. „Das tut mir leid, ich soll Ihnen sagen, daß sie nicht
da ist." „So, so!" meint der schlagfertige junge Mann, „dann
richten Sie ihr bitte aus, daß ich nicht angerufen habe!"

4.2 Der Lehrer hat Michael nach Hause geschickt. Die
erstaunte Mutter telefoniert mit dem Lehrer und bittet ihn,
ihr den Grund zu sagen. „Ihr Sohn hat gesagt, daß seine
Schwester die Röteln hat. Das ist eine ansteckende
Krankheit!" erklärt ihr der Lehrer. „Das ist richtig, aber
seine Schwester wohnt jetzt in Australien!"

Zahl der Änderungen: _____

Die wichtigsten Neuerungen auf einen Blick:

Laute und Buchstaben

ss / ß	*ein bisschen, der Fluss, man müsste, sie isst Kuchen*
Drei gleiche Buchstaben	*Schifffahrt, Brennnessel, Schneeeule* auch: *Schiff-Fahrt, Brenn-Nessel, Schnee-Eule*
Einzelfälle	*nummerieren (wie Nummer)* *Tipp* *platzieren (wie Platz)* *selbstständig (auch selbständig)* *potenziell, substanziell, existenziell*

Großschreibung

Großschreibung der meisten Wörter mit Artikel oder Flexionsendung	*der Einzelne, ein Einziger, alles Übrige* *im Folgenden ...* *von Neuem, ohne Weiteres ...*
Einzelne Vereinfachungen	*auf Deutsch, auf Englisch* *heute Morgen, gestern Abend* *ich habe Schuld, du hast Recht*

Getrennt- und Zusammenschreibung

Getrenntschreibung bei Verben	*Rad fahren, Sport treiben, spazieren gehen, getrennt leben*
... + sein	*fertig sein, vorbei sein, zufrieden sein*
Einzelne Vereinfachungen	*wie viel, so viel, zu viel, sodass / so dass ...*

Die wichtigsten Neuerungen auf einen Blick:

Worttrennung am Zeilenende

s-t	*Küs-te, ers-te, meis-tens*
-ck	*Brü-cke, Zu-cker*
Einzelne Vereinfachungen	*wa-rum* *(auch: war-um)* *he-raus* *(auch: her-aus)* *in-te-res-sant* *(auch: in-ter-es-sant)*

Zeichensetzung

Komma bei direkter Rede	*„Komm her!", rief sie.* *„Wie geht es dir?", fragte er.*
Komma zwischen Hauptsätzen, die mit „und, oder ..." verbunden sind	*Herr Müller fotografierte das Schloss(,)* *und seine Frau schaute ihm dabei zu.*
Infinitiv- und Partizipgruppen, formelhafte Nebensätze	*Sie beschlossen(,) nach Elba zu reisen.* *Einen Strauß in der Hand haltend(,)* *stand er vor der Tür.* *Sie können(,) wenn nötig(,) anrufen.*

Lösungen

A. Laute und Buchstaben

1.1 der Biss (kurz), blass (kurz), das Fass (kurz), der Fluss (kurz), der Fuß (lang),
das Gefäß (lang), gemäß (lang), gewiss (kurz), groß (lang), der Gruß (lang),
der Kongress (kurz), der Reisepass (kurz), der Prozess (kurz), das Schloss (kurz),
der Schluss (kurz), der Stress (kurz)

1.2 die Geldbuße (lang), die Größe (lang), das Interesse (kurz), die Kasse (kurz),
die Klasse (kurz), die Flossen (kurz), die Messe (kurz), die Presse (kurz),
die Straße (lang), die Tasse (kurz)

1.3 Isst – isst – Muss – müssen – mussten – gewusst – wissen – wussten – wisst

1.4 Beschluss – dass – eingießen – Tasse – Süßigkeiten – Kissen – bisschen – Spaß –
schließen – nass – Grüßen

2.1 Schifffahrt/Schiff-Fahrt – Kongressstadt/Kongress-Stadt –
Kunststofffolie/Kunststoff-Folie – Kontrolllampe/Kontroll-Lampe

2.2 Fußballländerspiel/Fußball-Länderspiel – Gewinnnummern/Gewinn-Nummern –
Brennnessel/Brenn-Nessel – Balletttänzerin/Ballett-Tänzerin

3.1 zwei Mäuse – zwei Fässer – zwei Fahrräder – zwei Kästen

3.2 ein Quäntchen – eine Gämse – sich schnäuzen – die Gräuel – überschwänglich –
belämmert

4.1 der Föhn – die Raufasertapete – nummerieren – stoppen – tippen – der Erstplatzierte –
tollpatschig – frittieren – Karamellpudding

5.1 das Getto, der Jogurt, das Känguru, der Katarr, der Panter, die Spagetti, der Tunfisch

5.2 der Delfin, die Grafik, das Megafon, der Paragraf, die Fantasie

5.3 das Dekolletee, das Negligee, das Exposee, das Varietee

5.4 differenziell – existenziell – potenziell – substanziell – essenziell

Test 1
a) wässrig – es floss – gewusst – gewiss, Gewissheit – er isst – Schluss – Schloss –
biss zu – Hundebiss, ein bisschen – überschwänglich – Gräueltaten – nummerieren –
raue Wand – Platzierung – Tipp
b) Spaghetti/Spagetti – Phantasie/Fantasie – selbständig/selbstständig –
Joghurt/Jogurt – Paragraph/Paragraf – Exposé/Exposee

B. Groß- und Kleinschreibung

1.1 ein Kugelschreiber – dieser Kugelschreiber – mein Kugelschreiber –
kein Kugelschreiber – jeder Kugelschreiber – der neue Kugelschreiber

2.1 im Allgemeinen – im Folgenden – im Übrigen – im Einzelnen – im Wesentlichen –
vielen Dank im Voraus – etwas Ähnliches vorschlagen – jeder Beliebige – es ist wohl
das Beste – jeder Einzelne kann helfen – aufs Ganze gehen – bis ins Kleinste
vorbereitet – alles Mögliche versuchen – es aufs Neue probieren – aus dem Vollen
schöpfen – des Weiteren – ohne Weiteres/weiteres – von Neuem/neuem

2.2 etwas Anderes/anderes – ein bisschen – ein paar Bekannte – am meisten –
die Vielen/vielen – jeder Andere/andere – das Wenige/wenige

3.1 der Erste sein (allein) – der Erste des Monats (allein) – als Erster fertig sein (allein) –
im ersten Stock wohnen (vor Subst.) – die erste Klasse (vor Subst.) –
fürs Erste genug (allein)

3.2 jeder Zweite (allein) – aus zweiter Hand (vor Subst.) – die zweite Stimme
(vor Subst.) – zum Zweiten (allein) – an zweiter Stelle (vor Subst.)

3.3 das nächste Mal (vor Subst.) – mein Nächster (allein) – der Nächste, bitte (allein) –
das Nächste wäre (allein) – etwas als Nächstes tun (allein)

3.4 der letzte Schrei (vor Subst.) – die letzte Ehre (vor Subst.) – zum letzten Mal
(vor Subst.) – als Letzter fertig sein (allein) – der Letzte sein (allein) – das ist
das Letzte (allein)

4.1 Mir ist angst und bange.
Ich bin es jetzt leid.
Die Firma war schon lange pleite.
Das ist mir durchaus recht.
Mein Bruder war an allem Unglück schuld.

5.1 vorgestern Morgen – morgen Vormittag – Morgen Abend – übermorgen Mittag –
Übermorgen Abend

5.2 auf Englisch – auf Japanisch – auf Deutsch

6.1 für Ihren Brief – danke ich Ihnen – dass Sie – Ich werde Sie – an Ihre Gattin

6.2 für deinen/Deinen Brief – danke ich dir/Dir – dass du/Du – Ich werde dich/Dich –
an deine/Deine liebe Frau

Test 2

ein (unbest. Art.) richtiges (Adj.)

kein (sonstiges Pron.)

die (best. Art.) volle (Adj.)

die (best. Art)

einen (unbest. Art.)

unser (Possessivpron.)

Diese (Demonstrativpron.)

der (best. Art.) deutsche (Adj.)

im (best. Art. mit Präp. verschmolzen)

Kein (sonstiges Pron.)

Im (best. Art. mit Präp. verschmolzen)

Im (best. Art. mit Präp. verschmolzen)

der (best. Art.)

C. Getrennt- und Zusammenschreibung

1.1 Zwei Substantive: Camping/wagen, Kamin/holz, Garten/pflanzen, Schlauch/boot, Kinder/wagen, Braut/kleid.
Drei Substantive: Zwillings/kinder/wagen, Küchen/eck/bank, Leder/reit/stiefel, Dach/gepäck/träger, Wohn/zimmer/schrank.

2.1 Erdöl exportierenden/erdölexportierenden Länder
Krebs erregende/krebserregende Stoffe
computergeschrieben
Vertrauen erweckender/vertrauenerweckender Verkäufer

2.2 notlanden – leidtun, leid – stattfinden, statt – eislaufen – teilnehmen, teil – heimkehren, heim

2.3 werden getrennt geschrieben, baden gehen, baden gehen, spazieren gehen, spazieren gegangen, liegen lassen, liegen lassen

2.4 vorbei sein – dabei sein – da gewesen – zurück sein – hier sein – fertig sein – zufrieden sein – vorrüber sein

2.5 Das Schlangestehen – Das Spazierengehen – Das Ruhenlassen – Das Autofahren – Das Vorhandensein – Das Sauberhalten – Das Auswendiglernen – Das Sporttreiben

2.6 leerlaufen – leer essen/leeressen – gut schreiben – gutschreiben – festnehmen – fest halten – blond färben/blondfärben

3.1 dummdreist – ultraleicht – eng verwandt/engverwandt – schwer krank/schwerkrank – bitterkalt – feuchtfröhliches

4.1 Wie viele Gäste – So viele – Genauso viele – Zu viele – viel zu viele Getränke

4.2 Wie lange – So lange – Ebenso lange – Zu lange – viel zu heiß – Wie oft – Wie weit

5.1 3-silbiges Wort, 100-prozentige, 80er Jahren/80er-Jahren, 8-stündiger Arbeitstag, 14-tägige Urlaubsreise, 500stel-Sekunde

6.1 in Frage stellen/infrage stellen, auf Seiten/aufseiten, von Seiten/vonseiten, außer Stande/außerstande, im Stande/imstande, mit Hilfe/mithilfe, zu Grunde gehen/zugrunde gehen, zu Gunsten von/zugunsten von, zu Mute sein/zumute sein, zu Schulden kommen lassen/zuschulden kommen lassen, etwas zu Stande bringen/etwas zustande bringen, in Stand setzen/instand setzen, zu Leide tun/zuleide tun, zu Lasten von/zulasten von

Test 3
Er ist Rad gefahren.
Die Verunglückten können einem leidtun.
Etwas Schönes geschenkt bekommen
Wollen wir Tango tanzen?
ein Rat suchender/ratsuchender Freund
Viele Zuschauer sind dabei gewesen.
Ein gemütliches Beisammensein.
Eine leicht verdauliche/leichtverdauliche Speise.
So oft wie möglich.
Wie viele sind gekommen?
Es dauerte viel zu lange.

D. Worttrennung am Zeilenende

1.1 Wüs-te, Mi-nis-ter, Tou-ris-ten, pro-tes-tie-ren, Res-tau-rant, Fens-ter, Tes-ta-ment

1.2 De-cke, Da-ckel, Schne-cke, Glo-cken, Brü-cke, Zu-cker, schmü-cken

2.1 wa-rum, he-rum, wo-ran, da-rum, In-te-res-se, Pä-da-go-gik, Dip-lom, He-li-kop-ter

E. Zeichensetzung

1.1 „Wie war es auf Ibiza?", fragte ... „Ganz prima!", antwortete ich. „Wie war das Wetter?", wollte sie wissen. „Gut ... Sonnenschein!", sagte ich, „Sie ... fahren." „Wie sind denn die Preise?", fragte Frau Müller. „Flug ... teuer", erzählte ich. „Und der Rest?" „Das ... an!", sagte ich. „Je ... Ansprüchen ..."

1.2 „Weißt du, Peter?", sagte meine Frau, „morgen ... Besuch." „Getränke ... gekauft!", sagte ich. „Wein ... Bier." „Soll ... servieren?", fragte meine Frau. „Abends eine Suppe?", ich hatte Bedenken. „Wie wäre es mit einer Fischplatte?" „Mögen ... Fisch?", fragte meine Frau. „Bestimmt!", sagte ich. „Außerdem ... Käse." „Ich ... gehen!", sagte meine Frau und fuhr fort: „Zum ... an." „Das ist eine gute Idee!", sagte ich.

Abschlusstest

1. Wie viel Geld – Sport treibenden/sporttreibenden – beeinflusst – Im Einzelnen – Anlass – Im Ganzen
Änderungen: 6 bzw. 5 obligatorische Änderungen

2. dass – dich/Dich – Ich muss – du/Du – Recht/recht – dass – als Erstes – morgen Vormittag – dir/Dir
Änderungen: 9 bzw. 5 obligatorische Änderungen

3. Wussten – dass – sodass/so dass – jeder Achte – jeder Siebte – Im Übrigen – selbstständige – sodass/so dass
Änderungen: 8

4.1 nach Hause/nachhause?", – dass – so!", – dass

4.2 dass – Krankheit!",
Änderungen: 6